Hellmut Klimm
Heilpädagogik auf anthroposophischer Grundlage

W0059225

Heilpädagogik auf anthroposophischer Grundlage

Hellmut Klimm

Herausgegeben von der Freien Hochschule
für Geisteswissenschaft

Philosophisch-Anthroposophischer Verlag
Goetheanum   Dornach / Schweiz

Einbandentwurf Werner Kehlert

Buchdruckerei Arlesheim AG, Arlesheim; Buchbinderei Henssler, Basel

ISBN 3 - 7235 - 0300 - 4

Inhalt

Seelische Entwicklungsstörungen als Frage nach dem Wesen des Menschen

Die Tatsache, daß ein Mensch in der Entfaltung seiner seelisch-geistigen Fähigkeiten behindert sein kann, hat immer etwas Rätselhaftes. Wird ein Mensch im Laufe seines Lebens oder erst im Alter davon betroffen, dann haben wir ihn in seiner gesunden Zeit erlebt und kennen seine Persönlichkeit, die uns verdeckt erscheint. Trifft eine solche Behinderung ein Kind zu Beginn seines Lebens, wird das Rätsel noch größer, aber seine Entwicklung ist noch offen und uns beschäftigt die Frage seiner Behandlung und Förderung. Eine körperliche Behinderung können wir verstehen. Sie ändert nichts an der Beziehung zur betroffenen Persönlichkeit. Aber wie finden wir diese bei einer krankhaft beeinträchtigten Geist-Seelen-Lage? Und wie können wir die vielfältigen Formen, in denen sie auftreten kann, begreifen? Die Registrierung der verschiedenen Erscheinungen ist unbefriedigend, die Erklärung unzulänglich. Es sind nicht nur einfache Mängel, denen wir dabei begegnen, oft gibt es auch Fähigkeiten, die uns unbegreiflich bleiben. Da gibt es Kinder, die keinen Gedanken zu fassen scheinen und uns in der Konversation durch treffende Bemerkungen erstaunen. Eigenartige Wort-Assoziationsfähigkeiten kommen vor, um die ein Komiker neidisch werden könnte. Phänomenale Zahlengedächtnisse treten auf oder zum Beispiel die Fähigkeit, zu jedem Datum den Wochentag nennen zu können. Manche Kinder sprechen plötzlich unsere Gedanken aus oder reagieren sensibel auf unser zurückgehaltenes Fühlen. Das Feld, das wir betreten, ist sehr interessant und entzieht sich unserer rationellen Erfahrung.

Darüber hinaus wird uns die Frage nach dem Schicksal von einer besonderen Seite gestellt, einmal nach dem Schicksal des betroffenen Menschen, aber auch nach seiner Bedeutung im mitmenschlichen Zusammenhang. Wir fühlen uns aufgerufen, nicht nur zu verstehen, sondern zu helfen und zu heilen. Aber wie tun wir das im rechten Sinn? Ist eine sogenannte Normalisierung das einzig erstrebenswerte Ziel? Ist die Anpassung an unsere zivilisatorischen Gegebenheiten immer das richtige?

Vielleicht haben auch krankhafte Genialitäten, die wir gar nicht immer sehen können, ihre Daseinsberechtigung und dürfen doch nicht allein gelassen werden, sondern wollen von uns mit-empfunden und aufgenommen sein.

Letztlich werden die Fragen nach dem Wesen des Menschen dadurch aufgerufen. Daß uns heute mehr denn je die Frage am Herzen liegt, den Menschen als geistiges Wesen besser zu erfassen, ist durch die Zeitsituation bedingt. Wir leben in einer *Kluft* zwischen der naturwissenschaftlich-materialistischen Anschauung vom Menschen und der gleichzeitig wachsenden Anerkennung seiner Persönlichkeit, die man in den letzten Jahrzehnten auch immer mehr den geistig behinderten Mitmenschen zuerkennt. Die Lage ist gleichsam paradox: biologisch betrachten wir die geistig-seelischen Entwicklungsstörungen als Defektsituationen, bei denen man gerade noch die vorhandenen Restmöglichkeiten fördern kann, aber menschlich haben wir uns noch nie so sehr darum bemüht, unsere behinderten Brüder und Schwestern als vollwertige und vollberechtigte Glieder unserer Gesellschaft anzusehen. Noch niemals wurde so viel für ihre Hilfe eingesetzt, noch nie wurden die Probleme so in der Öffentlichkeit behandelt. Aber es geht nicht nur um die Hilfe und eine caritative Haltung, es geht um die Anerkennung und die Integration. Die Anerkennung ist nicht selbstverständlich und nicht als logische Konsequenz der Zeitentwicklung zu begreifen, sie ist auch keine Besinnung auf eine verlorene, früher vorhandene Einstellung. In alten Zeiten erfreuten sich die Behinderten keiner besonderen Wertschätzung, wurden eher fatalistisch akzeptiert und genossen allenfalls das Mitleid, das durch das Christentum zur besonderen Entfaltung kam. Aber auch Mitleid mit einer Hoffnung auf das Jenseits ist noch keine Anerkennung. Die moderne Haltung gegenüber den Behinderten kann man eher als eine Reaktion auf das materialistische Bild vom Menschen verstehen, als einen Drang zur Vermenschlichung unserer menschenbedrohenden Zivilisation.

So war es naheliegend, daß man sich mit solchen Fragen an Rudolf Steiner wandte, um aus seiner geisteswissenschaftlichen Forschung – die mit übersinnlichen Erkenntnisfähigkeiten dieses Wesen umfassender zu ergründen vermag, als das in der heutigen Zeit sonst möglich ist – Einblicke und Anregungen für dieses Gebiet zu gewinnen. Wer die Forschung Rudolf Steiners kennt, weiß, daß es dabei nicht nur um Hinweise auf die großen Hintergründe dieser Daseinsformen gehen konnte, sondern auch um die Durchdringung bis zum einzelnen, kleinsten Phänomen und daraus um die Möglichkeiten zur Behandlung. So entstand die Heilpädagogik auf anthroposophischer Grundlage als eines der Aufgabengebiete, auf denen Erkenntnisse aus der Geisteswissenschaft praktisch angewandt werden.

Erste Anfänge und Ausbreitung

In den letzten Jahren seines Wirkens hat Rudolf Steiner viele Ratschläge für bestimmte Gebiete wie Pädagogik, Medizin, Landwirtschaft, Sozialgestaltung usw. gegeben. Er tat es nur, wenn er darum gefragt wurde und Menschen zur Verwirklichung seiner Anregungen bereit waren. Für die Heilpädagogik wurde die Frage erst spät von drei jungen Studenten an ihn herangetragen, die im Trüperschen Jugendsanatorium in Jena arbeiteten. Die in Aussicht gestellte Hilfe begeisterte sie so, daß sie ohne Rücksicht auf ihre unzureichenden finanziellen Möglichkeiten ein eigenes Heim, den Lauenstein bei Jena, gründeten. Im Juni 1924 besuchte Rudolf Steiner das Heim. Zur selben Zeit hatte Frau Dr. Ita Wegman im Sonnenhof, der Dependance ihrer Klinik in Arlesheim, einige Kinder mit psychischen Entwicklungsstörungen in Behandlung. Nach dem Besuch in Jena hielt Rudolf Steiner in Dornach für alle an der Arbeit Beteiligten den «Heilpädagogischen Kursus» mit 12 Vorträgen, bei dem die Kinder vom Lauenstein besprochen und die aus dem Sonnenhof vorgestellt wurden.

Rudolf Steiner hatte aus seiner früheren Tätigkeit eigene Erfahrungen auf diesem Gebiet, da er in jungen Jahren als Hauslehrer unter gesunden Kindern auch einen zurückgebliebenen, hydrocephalen Knaben zur Erziehung bekam, der mit neun Jahren noch nicht die einfachsten Schulfähigkeiten erworben hatte, und den er so gut förderte, daß er den Anschluß an das Gymnasium erreichte. Rudolf Steiner hat oft darauf hingewiesen, daß diese Lebenserfahrung eine besondere Quelle für sein Studium der Seele war, weil in der pathologischen Situation vieles deutlich wird, was im gesunden Wirken verdeckt bleibt. So findet sich außerhalb des «Heilpädagogischen Kursus» in den Vorträgen und Schriften vieles in bezug auf die Heilpädagogik.

Die Anregungen fielen auf einen fruchtbaren Boden. Innerhalb weniger Jahre entstanden zahlreiche Heime in verschiedenen Ländern. Rudolf Steiner hatte die Arbeit an den Seelenpflege-bedürftigen Kindern, wie er sie nannte, der Medizinischen Sektion am Goetheanum angegliedert, und Frau Dr. Ita Wegman nahm sich ihrer als Leiterin dieser Sektion nach seinem Tode mit besonderem Interesse an. Sie sorgte auch für die enge Zusammenarbeit der Heilpädagogen mit den Ärzten, die nicht aus der Ferne beraten, sondern sich mit in die Arbeit in den Instituten hineinstellen sollten.

Dann kamen durch den Nationalsozialismus schwere Zeiten für die Heime in Deutschland. Die meisten wurden geschlossen und Mitarbeiter mußten emigrieren. Um die Persönlichkeit des Arztes Dr. Karl König fanden sich dadurch in England viele heilpädagogisch Tätige in einer eigenen Lebensgemeinschaft, der Camphill-Bewegung, zusammen.

Nach dem Krieg gab es einen großen Aufschwung, gleichsam eine zweite Gründerphase. Die Zahl der Heime wuchs, viele junge Menschen begeisterten sich für diese Aufgabe, und es mußten Ausbildungsmöglichkeiten für sie geschaffen werden. Die anthroposophische Heilpädagogik wurde in der Öffentlichkeit gut aufgenommen, zumal es überall an geeigneten Einrichtungen und Förderungsmöglichkeiten für diese Kinder fehlte.

Die geisteswissenschaftlichen Grundlagen für die Heilpädagogik

Anthroposophie ist nicht ein im heutigen Sinne weltanschaulicher Überbau, der sich nur auf große geistige Hintergründe bezieht, sondern sie verbindet die weiten Aspekte mit den einzelnen menschenkundlichen Gegebenheiten und vermag den Weg von den Quellen der Menschwerdung bis in die psychologischen und physiologischen Tatsachen zu verfolgen. Wir können für unsere Betrachtung das weite Feld der *Menschenerkenntnis,* die über das irdische Leben hinausreicht, dem engeren Feld der *Menschenkunde* gegenüberstellen, die das Zusammenwirken und die Entwicklung der geistigen, seelischen und leiblichen Funktionen innerhalb des Erdenlebens zum Inhalt hat. Beide, Menschenerkenntnis und Menschenkunde, sind wesentlich für die Heilpädagogik, wobei die Erkenntnis die Grundlage für die Haltung und die Einstellung zum Seelenpflege-bedürftigen Kind und seinem Schicksal bildet, während aus der Menschenkunde die diagnostischen Einblicke in die verschiedenen Störungsmöglichkeiten und die Wege für die heilpädagogischen und anderen therapeutischen Maßnahmen gewonnen werden.

Menschenerkenntnis und Schicksal

Grundlegend für die anthroposophisch-heilpädagogische Arbeit ist die Einsicht, daß die Geistgestalt des Menschen nicht erkranken, aber in ihrer Entfaltung durch ein mangelhaftes Leibesinstrument behindert sein kann. Es ist das leibliche «Werkzeug», das bei solchen Störungen in einer bestimmten Weise krankhaft unzulänglich ist und dadurch die gesunde seelische Entfaltung beeinträchtigt. Das ist als eine Inkarnationsstörung anzusehen. In einem weiteren Sinne sind auch die sogenannten gesunden Menschen in ihren seelischen Fähigkeiten durch ihre Leiblichkeit begrenzt und behindert. Wir kennen alle aus eigener Erfahrung, wie wenig es uns gelingt, das zu verwirklichen, was wir aus unserer geistigen Einsicht möchten. Nur erleben wir, daß wir erdentüchtig unser Geschick selbst in die Hand nehmen und verantwortlich sein können und bei den gesunden Kindern die Aussicht dafür besteht. Eine Störung, die das nicht erlaubt, ist aber kein mißlungenes Leben. Selbstverständlich ist es für uns ein *Unglück,* wenn ein Kind sich seelisch nicht gesund entwickelt und ein Mensch nicht selbständig sein Leben führen kann. Das erleben wir als Schicksalsschlag und haben berechtigterweise den Wunsch zur Besserung und Gesundung.

Aber Schicksal ist kein planloser Zufall. Bei allen Fortschritten in unserer Zeit ist es sicher unser größter Mangel, daß wir keinen fruchtbaren Zugang zu den Schicksalsfragen finden. Die Dichter leben zwar von dem Problem und behandeln es tastend und ahnend, aber die Wissenschaft verweist es achselzuckend zu den Sonntagsgedanken und in die Glaubenssphäre. Innerhalb eines Erdenlebens wollen uns die Schicksalszusammenhänge weitab von Verdienst und Gerechtigkeit auch nicht einleuchten, und wir sollten uns hüten, mit irdischen Maßstäben und Wertungen an sie heranzugehen.

Bei aller gebotenen Zurückhaltung stellt sich jedem Menschen die Frage, ob er das Schicksal als unbeantwortbar auf sich beruhen und es fatalistisch auf sich zukommen lassen muß, oder ob er aufgerufen ist, den Sinn darin zu suchen. Sind wir ihm ausgeliefert oder an seiner Gestaltung beteiligt? Ist das, was uns «zufällt», nicht eine Aufgabe, an der wir arbeiten und wachsen sollen? Ist der menschliche Geist über die einseitige und eingeschränkte Erfahrung unserer Zeit hinaus befähigt, einen Zugang dazu zu finden?

Die Erkenntnis von den *wiederholten Erdenleben,* die durch Rudolf Steiner für das moderne Bewußtsein wieder neu erforscht werden konnte, nachdem sie aus Gründen der Menschheitsentwicklung zurückgetreten war, bringt den Einblick in die höheren gesetzmäßigen Zusammenhänge, die im Schicksal walten: Eine Menschheit, zur Erdenerkenntnis aus dem Paradies vertrieben und durch Christus auf den Weg zum durchchristeten Menschen gewiesen, ist in immer wiederkehrenden Inkarnationen in ihrer Entwicklung in einem Schicksalsnetz verwoben. Fördernde und hemmende Beziehungen zwischen den Menschen stellen die wechselnden Erdenaufgaben, an denen die Menschheit reift. Es wirkt das Karmagesetz von Verstrickung und Ausgleich, das wir uns nicht in einem zu irdischen Kausalitätsverhältnis von Schuld und Sühne vorstellen dürfen. Nach diesem Gesetz wird aus dem vorangehenden Leben die Aufgabe für das nächste mit der Leibeskonstitution und dem Lebensweg gestaltet. Für unser Erleben sind schwierige Ereignisse und Krankheiten im Leben unwillkommen, die wir berechtigt zu vermeiden trachten, aus höherer Sicht sind sie Aufgaben. Was wäre eine Menschheit in ungetrübter Gesundheit und reinem Glück? Das Schicksal unter den verschiedenartigen Menschen macht das Leben reich und interessant. Aktive Tätigkeit wirkt auf passive Duldung, leidende Bedürftigkeit ruft tätige Hilfe. Zur vollständigen Gesellschaft gehören auch Kranke und Unvollkommene, also auch unsere Seelenpflege-bedürftigen Mitmenschen. Was sie über den Kummer hinaus für ihre Eltern und Angehörigen durch ihr Dasein bewirken, ist viel mehr, als es unsere Tüchtigkeitszivilisation wahrnimmt.

Den Schicksalszusammenhang, der zu einer Inkarnationsstörung führen kann, dürfen wir uns nicht einfach als einen Mangel oder eine Schuld aus einem früheren Leben vorstellen. Rudolf Steiner konnte an konkreten Beispielen darstellen, wie Mängel oft in der Umgebung zu suchen sind und es einer Individualität unmöglich gemacht wird, die Erdenerfahrungen zu sammeln, die Voraussetzung für den Aufbau eines gesunden Leibes im nächsten Leben sind. Wir dürfen bei diesen Menschen eher mit einem Opfer rechnen, durch das Kräfte der Selbstlosigkeit in der Umgebung aufgerufen werden.

Der Leib als Instrument der Seele

Haben wir so einen Blick auf die allgemeinen Hintergründe der Erdenbehinderung getan, so benötigen wir für die vielfältigen Störungsbilder bei der konkreten heilpädagogischen Ar-

beit diagnostische Einblicke, die wir aus den menschenkundlichen Zusammenhängen gewinnen. Das führt uns zur geisteswissenschaftlichen Betrachtung der menschlichen Organisation, die einen neuen Zugang zum Verständnis der Probleme
in der Heilpädagogik öffnet. Wie schon erwähnt, ist die Leiblichkeit als Instrument zu betrachten, dessen sich die Individualität im Erdenleben bedient. Um dieses Zusammenwirken
besser zu verstehen, müssen wir die gewohnten Vorstellungen
umkehren, nach denen zuerst die Leiblichkeit über Ei und
Embryo gebildet und dann gleichsam zur Produktionsstätte der
geistigen und seelischen Fähigkeiten wird. In dieser Reihen-
folge tritt es zwar nach der sinnlichen Beobachtung in Erscheinung, aber nach den übersinnlichen Kräften, die in diesem Geschehen wirken und von Rudolf Steiner geisteswissen-
schaftlich verfolgt werden konnten, steht am Anfang der geistige Wesenskern des Menschen. Er umkleidet sich für eine
neue Inkarnation zunächst mit Seelenkräften, die einer eigenen Seelenwelt angehören und sich als kosmisches Denken,
Fühlen und Wollen auf die Erde richten. Diese verbinden sich
dann erst mit dem Lebens- und Erbstrom bis in die Stofflich-
keit und gestalten den Leib nach ihren Kräften zum Instrument
für die irdischen Seelenfähigkeiten: den Kopf für das Denken,
das Herz für das Fühlen und die Glieder für das Wollen.

Dadurch kann uns einleuchten, weshalb in der anthroposophischen Menschenkunde vom dreigliedrigen Organismus
mit dem Nerven-Sinnes-System für das Denken, dem rhythmischen System für das Fühlen und dem Stoffwechsel-Gliedmaßen-System für das Wollen gesprochen wird.

Auch die vier Wesensglieder, die das Fundament der geisteswissenschaftlichen Erkenntnis bilden, sind auf dem Weg zur
Erde zu unterscheiden, wenn die geistige Individualität als
unser Ich aufleuchtet, aus der Seelenwelt der Astralleib, aus
dem Lebensstrom der eigene Ätherleib und aus den Erden-
stoffen der physische Leib gebildet werden. Von diesen Grundlagen können wir für unsere Betrachtung nur einiges heraus-
greifen und müssen für eine eingehendere Orientierung auf
die umfangreiche Literatur verweisen. Für unseren Zusammenhang ist wichtig, daß Geistigkeit und Beseeltheit des Men-

schen nicht auf einer geradlinigen Fortsetzung der Lebensprozesse seines Leibes beruhen, sondern in ihnen eine Art Widerlager finden. Der Leib ist wohl nach seelischen Gesetzmäßigkeiten aufgebaut, aber seine Lebensprozesse müssen zurücktreten und Raum geben, damit das bewußte Seelenleben sich entfalten kann. Es ist ähnlich wie bei einem Musikinstrument, das aus seinen musikfremden Materialien wie Holz, Blech, Darmsaiten usw. wohl nach musikalischen Gesetzmäßigkeiten geformt ist, aber dessen Eigennatur vom Spieler weitgehend überwunden werden muß. Wie der Violinist darum ringt, den Materialcharakter seiner Geige zu überwinden und am liebsten erleben würde, wie Bogen, Saite und Resonanzboden so transparent werden, daß ein ganz reiner Ton im Raume schwebt, so ist auch die Seele bestrebt, die Leiblichkeit transparent werden zu lassen, nur geschieht das nicht mit einem toten, sondern mit einem lebendigen Instrument.

Für das Zusammenwirken von Leib und Seele ist unser Organismus polar aufgebaut. Der Kopfpol und der Stoffwechselgliedmaßenpol sind entgegengesetzte Systeme, die durch das rhythmische System verbunden sind. Nichts geschieht im oberen Menschen, das nicht seinen Gegenprozeß im unteren Menschen hat, und umgekehrt. Man könnte es mit Saite und Resonanzboden vergleichen, wenn man dem letzteren auch eine aktive Rolle zuerkennt. Zum unteren Pol gehört der *Aufbau* mit den lebensfördernden Funktionen, die unterhalb des Bewußtseins verlaufen, zum Kopfpol mit seiner Wachheit und der geringen Vitalisierung der *Abbau*. Im ständigen Ineinanderspiel gibt es jeweils eine Resonanz auf die unteren Kräfte im oberen und die oberen im unteren Pol, die durch die rhythmischen Prozesse in der Mitte im Gleichgewicht gehalten werden. Der Herzschlag mit Systole und Diastole, die Ein- und Ausatmung, Wachen und Schlafen, repräsentieren den immerwährenden Wechsel und den Ausgleich.

In der Umkehrung des Aufbaues in den Abbau kann sich unser bewußtes Seelenleben entfalten. Es ist eine wesentliche geisteswissenschaftliche Erkenntnis, daß unsere Seelenaktivität auf dem Abbau beruht. Sie kann daher leicht kränkend auf die Lebensprozesse wirken und ist Ursache für vielfältige Erkrankungsmöglichkeiten, aber weil wir eben Seelenwesen sind, besteht Gesundheit nicht aus dem Übergewicht des Aufbaues, sondern im prozessualen Gleichgewicht der gegenläufigen Tendenzen.

Letztlich liegen im unteren Menschen die Geburts- und im oberen Menschen die Todeskräfte, und das Leben bewegt sich vom Übergewicht der einen zu den anderen. In der Märchenweisheit, im Märchen vom Gevatter Tod, finden wir ein Bild davon: der Arzt kann heilen, wenn der Tod zu Häupten steht, wo er auch hingehört, aber nicht, wenn er zu Füßen steht. Wenn sich heute Menschen das Märchen in die Erinnerung rufen, kehren sie meist diese Tatsache um und lassen den Tod zu Füßen stehen, wenn Heilung zu erwarten ist, weil sie das Haupt für lebensentscheidend halten.

Der Mensch ist ein Wesen von Gleichgewichtswirkungen und seine körperliche wie seelische *Gesundheit* liegt im Ausbalancieren von gegensätzlichen Kräften. Krankheiten sind erhebliche Störungen im Gleichgewicht. Da es nach zwei Richtungen aus der Mittellage kommen kann, lassen sich immer entgegengesetzte *Krankheitspaare* finden. Das Durchschauen gegenüberliegender Erkrankungsmöglichkeiten gehört zu den Grundlagen anthroposophisch orientierter Medizin. – Wir unterscheiden Krankheiten mit vorwiegend körperlicher oder seelischer Beeinträchtigung und sprechen zum Beispiel von inneren Krankheiten und psychiatrischen Erkrankungen. Nach geisteswissenschaftlicher Forschung beruhen körperliche Krankheiten überwiegend auf seelischer und seelische auf körperlicher Ursache. Mit körperlich in diesem Sinne sind der physische und der ätherische Leib gemeint. Trifft eine körperliche Ursache ein Kind, das sich erst zum vollen Menschen entwickeln soll, dann haben wir es mit einer geistig-seelischen Entwicklungsstörung zu tun. Der Leib kann für die Seele nicht genügend transparent werden, die zu stark an ihn gefesselt bleibt und sich nicht frei der Welt öffnen kann.

Ist die Störung gering, mag das nur leise zum Ausdruck kommen; ob sie aber leichteren oder schwereren Grades ist, hartnäckig ist sie immer und kann nur in langem heilpädagogischen Einsatz gebessert werden. Das gilt auch für milieubedingte Schädigungen, die, anthroposophisch gesehen, nicht nur auf das Seelengefüge beschränkt sind, sondern sich bis in die Leiblichkeit, vor allem den Ätherleib abprägen, der uns noch ausführlicher beschäftigen wird. Wir denken bei unserer Betrachtung besonders an schwerere Behinderungen, aber man wird sich leicht vorstellen können, daß die gleichen Erwägungen im Prinzip auch für leichtere gelten. Heilpädagogik ist ein weiter Begriff, der für jeden Grad in Betracht kommt. An den ausgeprägten Bildern kann man ihn besser verdeutlichen. Die große Vielfalt, in welcher krankhaft seelische Erscheinungen auftreten, kann uns immer wieder erstaunen. Nur zum Teil sind sie so mit organischen Änderungen verbunden, daß bei bekannten körperlichen Symptomen ganz bestimmte psychische Abartigkeiten auftreten (zum Beispiel Mongolismus).

Bei der Verschiedenartigkeit möglicher cerebraler Schädigungen wird der Zusammenhang von organischer und psychischer Symptomatik schon schwer durchschaubar und ohne jeden Befund einer körperlichen Erkrankung bleiben uns psychopathologische Erscheinungen, wie sie bei psychotischen und autistischen Bildern auftreten können, rätselhaft. Nun sind unsere Vorstellungen von den Entwicklungsstörungen sehr auf das Gehirn fixiert und soweit mit Recht, als wir überwiegend solche Schädigungen feststellen können oder Hinweise darauf haben, zumal das Nervensystem mit seiner mangelnden Regenerationsfähigkeit unser empfindlichstes Organ ist und Defekte in der Zellstruktur bestehen bleiben. Da aber der Kopf, wie wir beschrieben haben, nicht die alleinige Grundlage für das Seelenleben ist, das in ihm nur für uns bewußt wird, und unser ganzer Organismus als Instrument der Seele polar auf Resonanz aufgebaut ist, wirkt jede Störung am Kopfpol auf den ganzen Organismus, beeinträchtigt das Willensleben im Stoffwechsel-Gliedmaßen-System und das Fühlen im rhythmischen System. Die Fülle der psychopathologischen Erkrankungen hat ihre Quelle nicht nur im Kopf. Für die Behandlung ist es wichtig, darüber erweiterte Vorstellungen zu gewinnen.

In seinem heilpädagogischen Kurs gibt Rudolf Steiner aus dem Zusammenwirken der Wesensglieder Einblicke in das krankhafte Geschehen und erläutert an verschiedenen Störungen, daß nicht immer der Kopf mit dem Nervensystem, sondern der Stoffwechselpol im unteren Menschen einen wichtigen Anteil hat. Als besondere Beispiele stellt er drei *Krankheitspaare* als Abweichung nach der einen oder anderen Seite gegenüber, die wir in dieser kurzen Orientierung nicht ausführlich darstellen, sondern nur als Hinweis auf die geisteswissenschaftliche Betrachtungsweise erwähnen können *:

Er beschreibt, wie *epileptische Erscheinungen* letztlich auf einer *Stauung* der höheren Wesensglieder – der Ich-Organisation und des Astralleibes – in bestimmten Organen beruhen, die durch eine zu dichte stoffliche Infiltration im physischen und ätherischen Leibe zurückgehalten werden. In den Stoffwechselretentionen vor den Anfällen, die man inzwischen erforscht hat, haben wir einen Hinweis für diese Auffassung. Das Gegenbild dieser Einseitigkeit liegt in der Möglichkeit des *Ausfließens* der höheren Wesensglieder durch eine zu große Durchlässigkeit im Physisch-Ätherischen, das sich in den Formen der *kindlichen Hysterie,* oft verbunden mit Bettnässen, bemerkbar macht. – Bei einem weiteren Störungspaar wird die Bedeutung des Stoffwechsels für psychische Funktionen noch eindrücklicher: unser Erinnerungsvermögen hängt mit dem Schwefelgehalt im Eiweiß zusammen. Es gibt «schwefelreiche» Kinder, die es schwer haben, ihre Vorstellungen erinnernd heraufzuholen. Der zu reichliche Schwefel saugt die Vorstellungen auf und hält sie fest. Das führt zu einem nicht äußerlichen, aber innerlichen Aufgeregtsein. Bei Kindern mit zu geringem Schwefelanteil im Eiweiß, sogenannten «schwefelarmen», werden die Vorstellungen nicht genügend eingebettet. Sie schlagen zurück und werden zu Zwangsvorstellungen. – Ein drittes Paar bilden die «schwachsinnigen» und die «maniakalischen» Kinder, bei denen das Gesamtgefüge der Wesensglieder zu kompakt oder zu locker ist, was sich in Dumpfheit mit geringer Bewegungsspontaneität oder in Erregung mit mechanisch wiederholten Bewegungen bemerkbar macht.

---

* Ausarbeitungen zum Heilpädagogischen Kurs findet man in den Büchern von Dr. Walter Holtzapfel «Seelenpflege-bedürftige Kinder» Band I + II.

Außer der skizzierten Anschauung einzelner Störungen sollen aus dem Kurs einige übergreifende Gesichtspunkte hervorgehoben werden: alle Krankheitsdarstellungen Rudolf Steiners führen unmittelbar zur Therapie. Dabei handelt es sich um gezielte therapeutische Maßnahmen, meist pädagogischer Art, die geeignet sind, die krankhafte Einseitigkeit durch Gegenwirkungen zu beeinflussen. Sie sind also nicht harmonisierend, sondern selbst einseitig und wären für die Förderung gesunder Kinder nicht geeignet. So wird zum Beispiel gezeigt, wie man durch schockartig wirkenden Tempowechsel im Unterricht einen ausfließenden Astralleib kräftigen kann, wie man durch das lange rhythmische Wiederholen eines Spruches den Kindern hilft, die ihre Vorstellungen nicht heraufholen können oder zwangshaften Kindern die Zwänge leise «wegraunt», wie man auf eine ausschweifende Phantasie durch dramatische Steigerung mit nachfolgender Abschwächung wirkt, indem man in einer Geschichte einen großen Helden aufbaut, den man am Ende etwas lächerlich macht, wie man bestimmte Formen der Aufgeregtheit mit Fixierung von außen begegnen kann, wenn man das wechselnd mit Loslösung tut usw. Auch diätetische Ratschläge zur Beeinflussung des Stoffwechsels gibt er und vor allem bewegungstherapeutische, die in der von ihm entwickelten Heileurythmie gezielt auf die Schwierigkeiten gerichtet sind.

Die gezielten Behandlungen werden ergänzt durch harmonisierende therapeutische Maßnahmen, die die heilenden Kräfte aus der Mitte her stärken. Dafür finden wir im Kurs den Hinweis, daß fast allen Entwicklungsstörungen ganz allgemein eine *Schwäche des Ätherleibes* zugrunde liegt. Er spricht von schlechten Ätherleibern. Der Ätherleib ist aber das Wesensglied der heilenden Kräfte im Menschen. Während Ich und Astralleib sich in der wachen Seelenbetätigung durch den Abbau entfalten können und an unseren Leibeskräften zehren, müssen die Stoffe unseres physischen Leibes lebendig erhalten werden. Die Belebung und den Wiederaufbau besorgt der Ätherleib, darüber hinaus vermag er aus seinen Kräften krankhafte Prozesse wieder auszugleichen und selbst dauernde Mängel in der physischen Organisation durch besondere Aktivität zu kompensieren. In der Kindheit sind diese Kräfte noch sehr reich und nehmen im Laufe des Lebens ab. Für uns ist hier vor allem die Tatsache interessant, daß selbst Mängel des physischen Gehirns durch ätherische Aktivierung in der Kindheit überwunden werden können, vor allem durch geeignete Erziehung und Übung, unterstützt durch Medikamente und andere Behandlungen. Diese Möglichkeit nutzen wir – auch ohne die Kenntnis von den Wesensgliedern –, wenn wir ein cerebralgelähmtes Kind durch frühe Bewegungsbehandlung erstaunlich beweglich machen können oder wenn wir durch vernünftigen heilpädagogischen Einsatz vom Kleinkinderalter ab eine gute Förderung erzielen. Aber die Kenntnis der Zusammenhänge und das Wissen, wie man den Ätherleib seinem Wesen nach durch rhythmische Beeinflussung stärken kann, bringt eine Erweiterung unserer Behandlungsmöglichkeiten. Es gehört zu den fruchtbarsten Erkenntnissen, die wir der Geisteswissenschaft verdanken, daß es einen Ätherleib gibt, in dem ungeahnte Heilungsmöglichkeiten liegen, wenn es uns gelingt, ihn seinem Wesen nach zu behandeln.

Die ätherischen Kräfte haben eine enge Beziehung zum *rhythmischen System,* das als leibliche Grundlage für das Fühlen die innerlichste Region des Menschen ist und durch seine Vermittlung zwischen dem Kopf mit dem Nerven-Sinnes-System und den Gliedern mit dem Stoffwechsel-Gliedmaßen-System vom Zentrum her ausgleichend wirkt. Deshalb wirkt alles, was wir durch den *Rhythmus* bewirken, stärkend auf den Ätherleib. Rhythmen und die Berücksichtigung von rhythmischen Gesetzmäßigkeiten in der Behandlung sind Kernpunkt der anthroposophischen Methode.

Nach dem bisher Dargestellten können wir etwas pointiert zusammenfassen: *Ein wesentliches Element anthroposophisch orientierter Heilpädagogik liegt in der innerlichen Verbindung mit der Ich-Wesenheit des Kindes, die mit ihrem leiblichen Instrument ringt, und in der Pflege des Ätherleibes, um ihn für den Ausgleich der leiblichen Hindernisse zu stärken, wobei der Rhythmus im Mittelpunkt steht.*

Der therapeutische Organismus

Mit den Anregungen Rudolf Steiners wird seit mehr als 50 Jahren gearbeitet. Es mußte noch viel ausgestaltet und mit den Erfahrungen der allgemeinen Heilpädagogik und der Kinderpsychiatrie verbunden werden. Im Laufe der Zeit ist eine Praxis entstanden, die für die anthroposophischen Einrichtungen charakteristisch geworden ist. Vor allem galt es, die erzieherischen, schulischen und therapeutischen Anliegen zu einem *heilenden Organismus* zu komponieren. Denn Heilpädagogik ist eine Arbeit auf lange Zeit, und die Kinder dürfen nicht das Gefühl haben, immer nur behandelt zu werden. Dafür haben sich bewährte Gestaltungen gefunden.

In jedem Heim oder in jeder Tagesschule müssen verschiedene Gebiete aufeinander abgestimmt werden: die Schule, die Therapien und im Heim das Leben in der Gruppe, das bei den Tagesschulen mit der Familie geteilt wird. Sie müssen die Kinder erleben lassen, daß man nicht an ihnen, sondern mit ihnen arbeitet, und sie dadurch rhythmisch in Zusammenklang gebracht werden.

Rhythmus ist das wichtigste Element für den therapeutischen Organismus und den Aufbau jeder Behandlung. Er ist nicht einfach Wiederholung; es müssen Akzente gesetzt werden, damit er entsteht. Ein Metronom wiederholt und gibt den Takt an; damit er zum Rhythmus wird, muß die beseelte Betonung hinzukommen, wie wir sie bei jedem Musikstück erleben. Darin lebt Spannung und Lösung, Ein- und Ausatmung, Leistung und Ausspannung. Die rhythmische Gestaltung ist so wichtig, daß sie näher beschrieben werden soll.

Die Basis dafür liegt im Tages-, Wochen- und Jahreslauf, durch den die Kinder in ihren Entwicklungsstufen gehen. Den Tag für die Kinder gestalten wir so, daß sich nach dem Aufstehen und dem Morgenessen die ganze Schulgemeinschaft trifft zu einem gemeinsamen Lied und einem Spruch, der den Blick in die Welt richtet und mit der Bitte um Kraft und Segen für die Arbeit schließt. Dann folgt nach der Schule am Morgen eine sorgfältig eingehaltene Ruhepause nach dem Essen. Am Nachmittag liegen die mehr praktischen Fächer, Sport, Therapien und Spaziergänge, je nach den Notwendigkeiten und den Möglichkeiten der Kinder, und am Spätnachmittag wird der Tag auf einen abschließenden Höhepunkt in einer Erbauungsstunde geführt. Das ist für die Kinder, die das verstehen können, eine Erzählung, die in Fortsetzungen über viele Tage ausgedehnt werden kann. Sie soll Freude machen und die Seele bereichern und nähren. Für die auffassungsmäßig schwächeren Kinder wird mit dem gleichen Ziel ein Musikprogramm geboten. Danach klingt der Tag aus, das Tagwerk ist erfüllt, es folgt der Feierabend und später das Zubettgehen mit Musik und Gebet.

Die Woche hat ihren Akzent am Sonntag, an dem das religiöse Element zum Erleben gebracht wird. In den Heimen geschieht das in einer überkonfessionellen Sonntagsfeier. Schon am Samstag kann man den Gang zum Wochenende durch eine schöne Aufführung mit Puppenspiel, Eurythmie oder einem Theaterstück hervorheben. Die verschiedenen Wochentage sollten nicht gleichförmig aneinandergereiht sein. Am Montag fängt man tüchtig an, am Dienstag hat man sich eingeschafft, am Mittwoch hat man das Gefühl, etwas geleistet zu haben, am Donnerstag ist eine Zäsur fällig. «Donnerstag keine Sprechstunde» findet man bei freien Berufen, die es sich leisten können. Wir gestalten den Donnerstag auch sehr frei und machen zum Beispiel im «Sonnenhof» keine Schule. Die Kinder, die in einem Institut sehr in ein Programm eingeschaltet sind, sollen an ihm mehr freie Zeit zum Spielen, zu Ausflügen, eventuell, wenn sie schwächer sind, auch zur Ruhe haben. Dann kann man am Freitag wieder mit frischen Kräften einsetzen. Der *Jahreslauf* hat seine Betonung in den Jahreszeiten mit den Jahresfesten. Diese sollen so hervorgehoben werden, daß sie auch ein kindliches Menschenwesen mit krankhaften Einschränkungen intensiv miterleben lernt. Es wird dadurch aus der eigenen Verstrickung gelöst. Neben der feierlichen Gestaltung begehen wir die christlichen Feste mit Aufführungen von Bühnenspielen, die sich jährlich wiederholen. Zu Weihnachten sind es die Oberuferer Spiele, die aus dem Bauerntum am Plattensee stammen und wegen ihrer einfachen Spiritualität eindrücklich sind. Auf Rudolf Steiners Anregung werden sie in anthroposophischen Zusammenhängen immer wieder aufgeführt. Sie spannen einen großen, farbigen Bogen vom Paradeisspiel mit einem holzschnittartigen Charakter über das innig-fromme Christgeburtspiel mit den lustigen Hirten zum dramatischen Dreikönigsspiel mit dem Gegensatz der Weisen aus dem Morgenland zum bösen Herodes. Für die übrigen Jahresfeste sind viele Spiele von Heilpädagogen in einfacher und bildhafter Art geschrieben worden.

Durch die Spiele wird eine besondere pädagogische Wirkung erzielt: wenn ein Kind vom Kindergartenalter an durch seine Schulzeit immer wieder die Aufführungen sieht, können ihm auch bei schwacher Auffassungsgabe seelische Begriffe zum Erlebnis werden. Viele kommen zunächst nur zu konkreten dinglichen Vorstellungen wie Tisch, Teller, Tür und Haus. Durch das bildhafte Erleben von seelischen Vorstellungen kann man ihnen auch weniger anschauliche Begriffe wie Liebe, Schönheit, Tapferkeit, Güte und Weisheit nahebringen. Das prägt sich im Laufe der Jahre ein und wird lebendig; für die Bildung der Kinder ein wesentliches Element.

Zur rhythmischen Gestaltung gehört auch der *Epochenunterricht*. Es ist ein Unterschied, ob die schulischen Inhalte nach Fächern stundenweise nebeneinander behandelt werden oder ein Thema oder Fachgebiet für eine bestimmte Zeit in den Mittelpunkt gestellt wird. Von Vorteil ist dabei nicht allein, daß man sich für eine Periode intensiv mit einer Sache beschäftigen kann. Das Geheimnis liegt darin, daß man nach der Epoche das Thema ruhen läßt. Es wird verdaut und wirkt unterbewußt weiter. Wenn man es nach langer Pause wieder aufgreift, stellt sich heraus, wie die Beziehung dazu inzwischen gereift ist und wie man auf höherer Ebene anknüpfen kann. Der Epochenunterricht ist bei gesunden Kindern eine bewährte Methode an den Waldorf- und Steiner-Schulen; in der Heilpädagogik kommt der Wert besonders zur Geltung.

Damit haben wir die Bedeutung des Rhythmus an einigen Beispielen beleuchtet, aber alle Handlungen und Therapien müssen unter diese Gesetzmäßigkeit gestellt werden.

Einen weiteren heilenden Faktor für alle Gebiete schafft die *Atmosphäre* in einer heilpädagogischen Einrichtung. Sie hat ihre geheimnisvolle Seite, denn man kann sie nicht machen und nicht von außen einrichten. Sie ist auch kein «unspezifischer Hintergrund» und keine Zutat, mit der die Tätigkeiten versüßt werden. Sie ist Ausdruck des Geistes, der in einem Institut und seinen Mitarbeitern lebt, und tritt dann erst äusserlich in der Raumesgestaltung, den Farben, den Bildern usw. in Erscheinung. An den Kindern bildet die Atmosphäre und bildet sich in ihnen ab. Diese Wirkung ist nicht zu unterschätzen.

Ein weiteres, übergreifendes Element liegt in der *Haltung* jedes Mitarbeiters und seiner Überzeugung, daß hinter dem Erscheinungsbild unserer Betreuten eine intakte geistige Individualität steht. Er darf einen großen Enthusiasmus, aber nicht nur große Gesichtspunkte für seine Tätigkeit haben. Man könnte bei den weitreichenden Aspekten der Anthroposophie auf die Vermutung verfallen, daß Heilpädagogen ihrer Richtung vor lauter umfassenden Vorstellungen den Einzelheiten gegenüber zu großzügig werden. Das Gegenteil wird erwartet. Rudolf Steiner spricht in seinem Kurs über die wünschenswerten Eigenschaften des Heilpädagogen und stellt «die Andacht zum Kleinen» in den Vordergrund. Andacht zum Kleinen in Beobachtung und Behandlung. Kein Detail ist unwichtig. Die Fingernägel oder das Haar können uns viele Aufschlüsse geben. Die Dreigliederung des Menschen bildet sich in jedem Teil seines Körpers ab, in den Ohren, den Fingern, der Haut usw. Jede kleine Gewohnheit des Kindes, jede Sprachbesonderheit, seinen Schlaf, seinen Appetit und die Ausscheidungen sollen wir aufmerksam wahrnehmen. Mit der Interpretation, warum das eine oder das andere so ist, darf man nicht zu rasch sein. Je mehr wir das Kausalitätsdenken zunächst zurückhalten und die Phänomene einmal für sich sprechen lassen, desto mehr wird uns das Gesamtbild des Kindes deutlich werden und sein Wesenskern durch alle Hindernisse durchleuchten. So sollte der Erzieher in seiner Haltung den Bogen vom Kleinsten zum Großen schlagen. Der große Aspekt liegt im unerschütterlichen Appellieren an die Ich-Wesenheit des Kindes, wie es Werner Pache formuliert hat.

Damit der therapeutische Organismus nicht durch ein zu einseitiges Spezialistentum beeinträchtigt wird, hat sich für die

Ausbildung in der anthroposophischen Heilpädagogik bewährt, daß sie zunächst mit einer praxisbegleiteten Grundausbildung beginnt, in der der tägliche Umgang mit den Kindern im Vordergrund steht. Nachher kommt der reine Studienteil und erst danach können die speziellen Richtungen studiert werden, wenn der Betreffende sich mehr für die unterrichtliche Arbeit, für bestimmte Therapien oder auf künstlerischen Gebieten einsetzen will.

Auf der gemeinsamen Grundlage werden die einzelnen Aufgabengebiete gepflegt, von denen wir nur beschreiben, was für die anthroposophische Methode kennzeichnend ist. Äusserlich sind es ja die gleichen Gegebenheiten, mit denen man überall arbeitet. Charakteristisch ist nicht so sehr *was* man tut, sondern *wie* man es tut.

Der Unterricht

Im heilpädagogischen Kindergarten können noch die verschiedensten Kinder, jüngere und ältere mit geringeren und besseren Voraussetzungen, zusammen sein. Im Vorschulalter lernen sie spielerisch und durch die Nachahmung, die bei vielen mühsam angeregt werden muß. Mit dem siebenten Jahr und dem Zahnwechsel kommen sie in das Schulalter, auch wenn sie wegen ihrer Störungen «zurückgeblieben» sind, denn nach den Gesetzen der kindlichen Entwicklung gelten auch für sie die pädagogischen Grundlagen für das zweite Jahrsiebt, das eigentliche Schulalter.

Dann, und anders als beim Leben in der Wohngemeinschaft, ist es wünschenswert bei der Zusammensetzung der Schulklassen, das Alter und das Auffassungsvermögen zu berücksichtigen. Das Realalter ist wichtig, denn wie bei einer Entwicklungsstörung in der Regel zur üblichen Zeit die Zähne gewechselt werden und die Pubertät eintritt, erfolgt auch die Reifung bei aller Beeinträchtigung dem Alter entsprechend. Es ist nicht gut, ein älteres und ein jüngeres Kind zusammen zu schulen, nur weil die Intelligenzstufe ähnlich zu sein scheint, die uns durch den Intelligenzquotienten nicht sehr glücklich an der Meßlatte eines Intelligenz*alters* präsentiert wird. Im Laufe der Zeit bekommt auch eine heilpädagogische Klasse einen Klassengeist, wie er nur unter gleichaltrigen Kindern entsteht. Wegen der Altersspezifität der Entwicklung werden bei der heilpädagogischen Unterrichtsgestaltung die Grundlagen des Waldorfschul-Lehrplanes für gesunde Kinder angewendet. Er wird nicht einfach durch Reduktion des Stoffes angepaßt und abgewandelt, sondern durch größere Verbildlichung, reichere gefühlsmäßige Durchdringung der Inhalte und praktische Erübung mit Hilfe der Körperbewegungen angewendet.

Wie das Wort Heilpädagogik schon ausdrückt, muß der Unterricht *therapeutisch* so individuell durchdrungen sein, daß er jedes Kind mit seinen verschiedenen Einseitigkeiten, die einbezogen und nicht weggebügelt werden müssen, zur bestmöglichen Persönlichkeitsentfaltung führt, seine menschliche Bildung fördert und nicht nur Fähigkeiten und Verhaltensweisen übt.

Die Kinder werden dadurch gebildet, daß man nicht auf die Ebene ihres Reflexvermögens und ihrer schwachen Ausdrucksfähigkeit abstellt. Es gilt nicht nur, was sie in irgendeiner Form wiedergeben oder gar beantworten können. Wenn wir es schon schwer haben, unser inneres Erleben voll auszudrücken, weil wir ja nicht alle Dichter sind, und wenn gesunde Kinder nur unvollkommen äußern können, was sie beeindruckt, dann trifft das umsomehr auf diese Kinder zu. Wir bekommen oft überraschend zarte Einblicke in ein reicheres Innenerleben, als es dem gewöhnlichen Verhalten nach scheint. Deshalb müssen wir höher greifen mit den Bildungsinhalten und Anspruchsvolleres an sie herantragen, das nicht nur rationell, sondern gemüthaft erfaßt und verarbeitet wird. Die innere Beweglichkeit dafür wird durch die *praktische Förderung* und das Geschicktmachen in den Gliedern erreicht. Auffassung, innere seelische Aktivität und Geschicklichkeit sind innig miteinander verbunden. Das Strickenlernen ist die beste Grundlage für den Rechenunterricht, das Handwerken schafft die Verbindung zu den Erscheinungen der Umwelt. Für die praktischen

Tätigkeiten kann gar nicht genug getan werden. Aber sie müssen aus eigenem Willen ergriffen werden und nicht nur antrainiert sein. Das Streben aus eigenem Antrieb liegt uns am Herzen. Daher braucht die praktische Förderung einen weiteren Hintergrund als nur die Ausführung der einzelnen Tätigkeiten.

Das Ferment, um der Seele alle Inhalte und Tätigkeiten interessant zu machen, liegt im *künstlerischen Element*. Alles Wissen und Können ist damit zu durchdringen. Die Welt der Farben, Formen und Töne spricht unsere Schützlinge unmittelbar an. Die Schönheit der Sprache und Verse kann man ihnen leichter nahebringen als den roten Faden des Inhalts. Zur Musik haben die meisten eine besonders gute Beziehung. Das ist eine eigene Welt, in der man leben kann, wenn der harte Alltag Mühe macht. Daß die künstlerischen Fächer keine netten Verzierungen neben dem ernsten Unterricht sind, wird heute allgemein anerkannt und als Quelle der Kreativität geschätzt. Mit künstlerischer Empfindung sollten aber alle Fächer durchdrungen sein. Im künstlerischen Erleben und Schaffen liegt die Vermenschlichung aller nützlichen Bezüge. Das gilt für alle Arbeit über die Schule hinaus.

Die Therapien

Während in der Schule die Kinder in der Gemeinschaft gefördert werden, auch aufeinander Rücksicht nehmen lernen und Freude aneinander haben, sind die Therapien auf bestimmte Schwierigkeiten gerichtete Einzelanwendungen. Manchmal kann man auch kleine Gruppen zusammennehmen.

Aus der Reihe der Sprachförderung, der Physiotherapie, der Massage, der Hydrotherapie, dem Reiten usw. ist hier die *Heileurythmie* besonders zu erwähnen. Dazu müssen wir aber erst die Bedeutung der *allgemeinen Eurythmie* in der Heilpädagogik beschreiben, die auch mit Recht zur Therapie zählt. Sie ist eine harmonisierende Anwendung, die man in Gruppen durchführen kann, während die Heileurythmie die gerichtete Behandlung für das einzelne Kind ist. Damit haben wir wieder ein Beispiel für die Unterscheidung von allgemeiner und gezielter Therapie.

Über die Grundlagen der Eurythmie findet man eine Orientierung in dem Heft dieser Reihe: «Was ist Eurythmie?» von Lea van der Pals. Ihre Bedeutung für die Heilpädagogik ist evident, da die Bewegung ein ganz wichtiger Ansatzpunkt in der Behandlung ist. Die Mehrzahl der Therapien beruht darauf, aber die beseelte, das heißt mit Empfindung begleitete Bewegung bringt für die seelische Entwicklung besondere Möglichkeiten. Alle unsere Kinder sind auffällig und einseitig in ihrer Motorik, auch wenn sie keine Lähmungserscheinungen haben; die einen überbeweglich, hüpfend, nicht zur Ruhe kommend, oft mit Stereotypien verbunden, die anderen unbeweglich und lastend. Das Geschicktmachen in der Handarbeit und im Werken erlöst die ziellosen Bewegungen; in der Gymnastik und im Turnen wird die erdentüchtige Bewegung gefördert. Aber menschliche Bewegung ist nicht nur Zweckbewegung. Sie ist *Ausdruck* der Seele und der Persönlichkeit. In Gesten, Gang und Mimik kommt die Eigenart heraus. Umgekehrt entwickelt sich durch die Bewegung die Persönlichkeit von der allgemein kindlichen Art zur eigenen Prägung. – Sprache, Musik und Rhythmen sind Bewegungen auf höherer Ebene. Sie entstammen gemeinsamen geistigen Quellen. In der Eurythmie finden wir die Laute, die Töne und die Rhythmen, wie sie sich in der Körperbewegung ausdrücken und mit Empfindung durchdringen lassen. Das wirkt erlösend auf die Befangenheit unserer Kinder.

In der Heileurythmie werden bestimmte Laute oder Rhythmen betont und gezielt eingesetzt, um einer Einseitigkeit entgegenzuwirken und den Organismus über die Bewegung hinaus bis in den Stoffwechsel, die Zirkulation und die seelische Reaktion zu beeinflussen. Das bedarf der ärztlichen Beurteilung, muß vom Arzt verordnet und von ausgebildeten Heileurythmisten durchgeführt werden.

Daß die Sprachbehandlung auf der Grundlage der Sprachgestaltung auf besondere Art ausgebaut werden kann, für die

Massage und in der Bäderbehandlung mit Öldispersions- und Überwärmungsbädern eigene Methoden entwickelt worden sind, können wir nur erwähnen.

Die medikamentöse Behandlung spielt eine wichtige Rolle. Mit zumeist potenzierten Mitteln ist es möglich, eine Konstitutionstherapie durchzuführen und auch schwere psychotische und epileptische Erscheinungen zu behandeln. Über das medizinische Gebiet orientiert das Heft dieser Reihe «Erweiterung der Heilkunst – Rudolf Steiner und die Medizin» von Dr. Walter Holtzapfel.

Das Zusammenleben in den Gruppen

Als letztes, aber besonders wichtiges Gebiet haben wir in den Heimen das Leben der Kinder in der Wohn- und Lebensgemeinschaft. In ihr werden auch Aufgaben des Elternhauses erfüllt, aber nicht ersetzt, und die heilpädagogischen Möglichkeiten gehen weit darüber hinaus. In den Tagesschulen muß man sehen, daß man auf anderem Wege etwas von dem erfüllt, was im Heim in den Gruppen bewirkt wird und über die einzelnen Klassen hinausgeht.

Im Gegensatz zu den Schulklassen sehen wir in den Gruppen auf eine bunte Mischung der Kinder. Ältere und Jüngere, Schwächere und Fähigere, möglichst auch Buben und Mädchen sollen miteinander leben. Hier ist der Ort der Integration und der Lebensgestaltung füreinander und miteinander. Es ist gut, wenn man Heime nicht so spezialisiert, daß sie nur bestimmte Arten von Behinderungen zusammenfassen. Verschiedene Störungen können sich aneinander ausgleichen. Die Atmosphäre in der Gruppe muß lebendig sein. Am meisten profitieren die schwachen Kinder, die in sich selbst befangen sind, von einer anregenden Umgebung. Es ist schwierig und heilpädagogisch unfruchtbar, wenn man nur nichtsprechende, verharrende oder nur gleichartig mongoloide Kinder in einer Gruppe hat. Aber auch solche mit reicheren Entwicklungsmöglichkeiten, aber einseitigen Schwierigkeiten, gewinnen am Zusammenleben mit Schwächeren. So gibt es beispielsweise talentierte Störenfriede, die andere Kinder (und auch Erzieher) mit Raffinesse reizen können. Legt man diese in ein Zimmer mit schwächeren Bettgenossen, so merken diese gar nicht, daß man sie ärgern will, und die Aggression bricht mangels Echo in sich zusammen, ja, oft werden altruistische Züge bei dem Störenfried wach, und er setzt sich hilfreich für seine Nachbarn ein, wie wir es immer wieder erleben.

Die sozialen Fähigkeiten und der Sinn für die täglichen Pflichten, ein entscheidendes Ziel unserer Bestrebungen, werden in der Wohngemeinschaft am stärksten gefördert. Für viele Kinder sind Essen, Ankleiden, Waschen usw. schon Aufgaben, die man jahrelang mit ihnen üben muß. So verlagert sich das heilpädagogische Schwergewicht für die sehr behinderten Kinder in die Gruppe. Sie ist der Ort der *Pflege* des Leiblichen als Voraussetzung des seelischen Befindens. Mütterlichkeit lebt darin.

Es ist etwas besonderes, wenn man ein Kind Tag und Nacht in der Betreuung hat, erlebt, wie es einschläft und aufwacht, und sich mit ihm ganz intim verbinden kann. Das bringt Befriedigung und Erfüllung in die Tätigkeit, die mit vielen Mühen, oft mit Auf-den-Topf-setzen, Wickeln und Hilfe beim Essen verbunden ist.

Heilpädagogik und Öffentlichkeit

Die intime Verbindung mit den Kindern ist kein Grund, daß sich die Heime gegenüber der Welt abschließen. Sie sollen möglichst offen sein und mit der Umwelt kommunizieren. Unsere Kinder, und nach der Kindheit auch unsere Seelenpflegebedürftigen Erwachsenen, wollen nicht in einem Ghetto leben. Sie sind selbst meist sehr bereit, den Kontakt nach allen Seiten zu pflegen. Die Schranken werden eher von der Umgebung errichtet; heute weniger aus Ablehnung als aus Unsicherheit und linkischem Gefühl gegenüber den ungewohnten Erscheinungen. Deshalb ist es wichtig, daß wir die Öffentlichkeit dafür interessieren und Vorurteile abbauen. Unsere Betreuten gehören zur vollständigen menschlichen Gesellschaft. Auch gesunde Kinder sollen das erleben, nur darf man sie nicht mit Integrationsversuchen überfordern. Den Mitarbeiterkindern in einem Heim ist die Gesellschaft etwas Selbstverständliches, und sie helfen gerne. Sie spielen aber am ehesten mit denen, die sinnvoll darauf eingehen können.

Sozialtherapie für Erwachsene und soziale Gestaltung in den Institutionen

Da die meisten unserer Kinder später nicht in der Lage sind, ihr Leben ohne Hilfe zu führen, gibt es geschützte Einrichtungen für Jugendliche und Erwachsene mit Arbeits- und Beschäftigungsmöglichkeiten. Soweit sie in ihrer Familie behalten werden, erfüllen Tagesstätten diese Aufgabe. Sehr viele bleiben für ihr Leben in Instituten. Für sie sind großzügige Lebensformen zu wünschen, die keinen Anstaltscharakter haben. Dafür hat sich auf anthroposophischer Grundlage ein eigenes Aufgabengebiet entwickelt, das als *Sozialtherapie* immer weiter ausgebaut wird. Die Anerkennung der Individualität trotz eingeschränkter Selbständigkeit und Verantwortungsfähigkeit erfordert Gemeinschaftsformen des Zusammenlebens, in denen nicht mehr das Gefälle von Betreuer und Betreutem vorherrscht. Das geht leichter in einer kleinen familiären Einrichtung oder in einer aufgegliederten Institution mit kleinen Einheiten. Neben anderen Bemühungen ist hier die *Dorfidee* hervorzuheben, die von der Camphill-Bewegung ihren Ausgang genommen hat. In der Vielgestaltigkeit einer Dorfgemeinschaft gibt es genügend Raum und so verschiedene Tätigkeiten, Pflichten und gegenseitige Hilfsmöglichkeiten, daß ein selbstverständliches Ineinanderwirken entsteht und ein bewegliches Leben auf die Dauer geführt werden kann. Hier kann sich die soziale Gestaltung am freiesten entfalten.

Die sozialen Formen des Zusammenlebens und -arbeitens waren von Anfang an ein Grundanliegen der heilpädagogischen Heime und Schulen und werden seit der Pionierzeit praktiziert. In der Anthroposophie leben auch die Ideen für soziale Gestaltungen in die Zukunft hinein, für die Rudolf Steiner in der «Dreigliederung des sozialen Organismus» die Grundlagen gegeben hat. Von einer Verwirklichung dieser Ideen sind wir noch weit entfernt, aber die Ansätze leben in allen anthroposophischen Zusammenhängen, in Schulen und Kliniken, in der Landwirtschaft und in Wirtschaftsunternehmungen usw. In den heilpädagogischen und sozialtherapeutischen Einrichtungen haben sie einen fruchtbaren Boden, der dem Anliegen entgegenkommt, weil das Zusammenleben, -wohnen und -essen intensivere Voraussetzungen bietet und man enger aufeinander angewiesen ist. Die Mitarbeiter fühlen sich nicht als Angestellte; sie sind mitgestaltende Unternehmer, die ihre persönlichen Ansprüche zugunsten der Gemeinschaft zurückstecken.

Ausblick

Unsere Beschreibung der heilpädagogischen Bestrebungen aus der Anthroposophie heraus möchte deutlich machen, daß es sich nicht um ein abgeschlossenes System oder eine fertige Methode handelt. Auch sollte nicht der Eindruck entstehen, als wären damit alle Fragen zu lösen und so etwas wie «das Ei des Kolumbus» gefunden. Die Fragen bekommen einen weiteren Hintergrund. Die Anregungen, die wir gewinnen, werden erst fruchtbar, wenn sie selbständig erarbeitet sind. Ihre heilpädagogische Anwendung ergibt sich nicht als festgelegte Konsequenz. Es gibt keine fertigen Rezepte, so wenig wie der Heilpädagoge eine feste Größe ist. Er muß als Therapeut die ihm eigenen Möglichkeiten finden und nach schöpferischen Einfällen suchen. Die Originalität einer heilsamen Entdeckung für ein Kind ist entscheidend. Das ist kein Reservat anthroposophischer Bemühung, denn schöpferisches Handeln lebt überall in der Welt, wenn auch zu wenig, aber Anthroposophie kann die Schöpferkraft befruchten. Nachgebetetes und Nachgemachtes ist auf diesem Feld so langweilig und wenig wirksam wie anderswo. Das Etikett «anthroposophisch» bei einer heilpädagogischen Einrichtung ist noch kein Garantieschein, aber meist gehen nur Menschen diesen nicht leichten Weg, denen er ein recht verstandenes Anliegen ist. Er sollte nicht mit verkrampftem Ernst, sondern mit Begeisterung für die Sache und mit Sinn für Humor gegangen werden.

Unsere Zeit gilt als das Zeitalter der Erfindungen und Entdeckungen. Mit Begeisterung und großen Opfern wurde die Welt erforscht. Doch unsere Erfindungen haben mittlerweile einen beängstigenden Stand erreicht, weil der Mensch immer mehr übergangen wird. Wir wünschen uns die Vermenschlichung unserer Lebenszusammenhänge. Mit der Geisteswissenschaft gehen wir auf Entdeckungsreisen nach dem Menschen. Die geheimnisvollen Gebiete sind dabei unsere Seelenpflege-bedürftigen Kinder und Erwachsenen. Sie wollen nicht nur unsere caritative Hilfe und die Anpassung an unsere Wertvorstellungen, sie wollen über ihre vordergründigen Bedürfnisse hinaus in ihrem Wesen verstanden sein. An den seelischen Sondererscheinungen können wir auch über uns fruchtbarere Selbsterkenntnisse gewinnen als an Tiervergleichen oder Verhaltensstudien auf naturwissenschaftlicher Grundlage. Die Suche nach dem Menschen ist auch ein Grund, daß sich heute viele junge Menschen für den Beruf des Heilpädagogen entscheiden.

Auskunft und Beratung in den verschiedenen Ländern

Heime und Tagesstätten

Heime und Tagesstätten gibt es in folgenden europäischen Ländern: Belgien, Dänemark, Deutschland, Finnland, Frankreich, Großbritannien, Irland, Niederlande, Norwegen, Österreich, Schweden, Schweiz,

und außerhalb Europas in:
Australien, Brasilien, Canada, Israel, USA und Südafrika.

Auskünfte

Auskünfte über die Institutionen und Ausbildungsmöglichkeiten in Heilpädagogik und Sozialtherapie sind allgemein erhältlich durch die

Medizinische Sektion

der Freien Hochschule für Geisteswissenschaft Goetheanum,
Sekretariat für Heilpädagogik und Sozialtherapie,
CH-4143 Dornach / Schweiz;

oder durch die Sekretariate in den einzelnen Ländern:

Schweiz

Verband anthroposophisch tätiger Heilpädagogen und Sozialtherapeuten in der Schweiz, Sekretariat Sonnenhof, Obere Gasse 10, CH-4144 Arlesheim / Schweiz.

Deutschland

Verband anthroposophischer Einrichtungen für Heilpädagogik und Sozialtherapie e. V.,
Geschäftsstelle: Obersondern 1, D-5600 Wuppertal.

Camphill-Bewegung in Deutschland,
Sekretariat: Föhrenbühl, D-7799 Heiligenberg / Steige.

Niederlande

Heilpedagogisch Verbond,
Vereniging van Heilpedagogische Instellingen op anthroposofische grondslag in Nederland,
Secretariaat: Utrechseweg 69, NL-3704 HB Zeist / Holland.

Großbritannien – für die Camphill-Bewegung

The Camphill Rudolf Steiner Schools,
Central Office, Murtle House, GB-Bieldside, Aberdeen AB1 9EP.

Schweden

Läkepedagogiska Instituts Förbund,
Secretariat: Saltà Arbetsskola, S-153 00 Järna / Schweden

Literatur

Rudolf Steiner, Heilpädagogischer Kurs. GA 317, 5. Auflage. Dornach 1979.

Rudolf Steiner, Die Erziehung des Kindes vom Gesichtspunkte der Geisteswissenschaft. Dornach 1978.

Heilende Erziehung. Vom Wesen Seelenpflege-bedürftiger Kinder und deren heilpädagogischer Förderung. 3. Auflage. Stuttgart 1977.

Heilpädagogik aus anthroposophischer Menschenkunde.
Band 1: Zum Heilpädagogischen Kurs Rudolf Steiners. 2. Auflage. Stuttgart 1980; Band 2: Beiträge zur Heilpädagogischen Methodik. Stuttgart 1974.

Walter Holtzapfel, Seelenpflege-bedürftige Kinder, Band 1, 2. Auflage. Dornach 1976; Band 2, Dornach 1978.

Karl König, Heilpädagogische Diagnostik, 2. Auflage. Arlesheim 1977.

Karl König, Epilepsie und Hysterie. Arlesheim 1978.

Bernard Lievegoed, Entwicklungsphasen des Kindes. 2. Auflage. Stuttgart 1979.

Thomas Weihs, Das entwicklungsgestörte Kind. 2. Auflage. Stuttgart 1980.

**Philosophisch-Anthroposophischer Verlag
und Rudolf Geering Verlag, Goetheanum, CH-4143 Dornach**

Walter Holtzapfel

Seelenpflege-bedürftige Kinder

Zur Heilpädagogik Rudolf Steiners

Band I

Aus dem Inhalt: Faktoren der kindlichen Entwicklung – Das großköpfige und das kleinköpfige Kind – Kinder mit behinderter Atmung – Epileptische Kinder – Bewegungsstereotypien im Kindesalter – Hysterische Kinder – Das Rätsel der Legasthenie – Entwicklung und Vorbeugung der Legasthenie – Verwandlungen der Kleptomanie – Die menschliche Organisation in den Raumesrichtungen.

2., erweiterte Auflage, 148 Seiten, mit Abbildungen, kartoniert

Band II

Aus dem Inhalt: Grundlagen heilpädagogischen Verständnisses – Autistische Kinder – Was liegt dem kindlichen Autismus zugrunde? Eine menschenleere Welt (Autismus als Zeiterscheinung) – Mongoloide Kinder – Stoffwechsel und Bewußtsein (Phenylketonurie) – Schwachsinnige Kinder – Maniakalische Kinder – Zwang und Vergeßlichkeit (Eisen- und Schwefelkinder) – Die dreifache Polarität der kindlichen Entwicklungsstörungen – Andacht zum Kleinen – Zähne und Seelenleben – Anmerkungen.

136 Seiten, mit Abbildungen, kartoniert

Georg Hartmann

Erziehung aus Menschenerkenntnis

Vom pädagogischen Impuls der Anthroposophie Rudolf Steiners.

3. Auflage, 128 Seiten, mit Abbildungen, kartoniert

Udo Renzenbrink

Ernährungskunde aus anthroposophischer Erkenntnis

Grundfragen – Auswirkungen – Anwendung

104 Seiten, mit Abbildungen, kartoniert